murder, la fuga & recompense

David RiosLopez

THANKS

A todos los que amo, con quienes lloré de tristeza, con quienes lloré de alegría. To those I met and left with a little piece of them, and those who left with a little piece of me. To those who believed in me, you gave me wings, and those who didn't, because they gave me strength. Quiero agradecerles desde lo más profundo de mi corazón.

Jess & Natalia, thanks for your collaboration, attention to detail, inspiration and professionalism. Thanks for believing in this crazy project and help making it something special.

Those entangled in two languages, in two realities, in two worlds. Thanks for having this book in your hands. Hope you enjoy it and get inspired by these words.

Interludio...

Because you're already here.

Rebuilding your life after decades of constructing it with the same concrete mold is destructive. How come? ¿Acaso escoger nuestro camino, seguir nuestro destino, no es lo que aprendimos cuando éramos pequeños?

It's hard to be what you want when you're going against conventional wisdom, when you're going against the arroz con habichuelas y pollo frito every dinner, the repeating morning prayers, the foundations that made you who you are, that built the world that you control. What happens when you realize that the promises you make are the same ones that are sucking the essence of your very existence? What happen cuando tu palabra de hombre ó mujer yá no tiene valor? Cuando las promesas que lanzaste a la brisa marina ya no deseas cumplirlas. Do we keep holding on for pure pride, or just the hope that everything can go back to the way it was?

There's a perfect balance within our bodies and soul, a peaceful communion. what happens when the body and the soul stop agreeing? Pure chaos. But, is it worth it? At the end of everything, the soul is eternal, so then, the answer must be yes. Yes! It is okay to burn your house down. Yes! It is okay to scrape your skin down to the muscle in an attempt to erase the memories. Yes! It is okay to dismantle every joint of your body and let pain build you up. Yes! Our souls need to be in the driver's seat to live a fulfilled life...right?

This is the dilemma an immigrant soul faces. Which path will he choose? How will he confront those questions? He houses two languages in his head, two different voices, yet they share the same beliefs. They sound different, but their beat is the same. Hablan sobre el conflicto, la guerra, el forcejeo del alma y el cuerpo por tomar control.

A veces en Inglés, sometimes in Spanish. Estás son las palabras que son witnesses of this struggle, the *Murder, la fuga, and the recompense.*

The Beginning...

Escape construido con letras

Las palabras que dibujo me liberan
las que no recito me encierran,
y el silencio es lo que domina

Ahora duermo en esta prisión
con paredes pintadas por gritos del pasado que no me permiten soñar,
donde solo los susuros del fauno me regalan paz.

Son mi pasaporte a ese mundo que anhelo,
mi escape a esa libertad imposible,
que se materializa en ellas.

En un camino de bronce
pintado en sus bordes con flores negras
que derraman su fragancia seductora alrededor.

Donde el sol pinta las nubes de rojo
que cobija a todos
en su sombra de pura pasión.

En sus ojos oscuros
mi cuerpo pierde su camino,
encontrado así el reflejo de mi alma.

Las palabras que dibujo me liberan,
pero no tengo voz para cantarlas.

Chapter 1...

Sus manos arden en fuego, listas para quemarme a mí y a todo lo que hemos creado...*I've never seen a fire with such beautiful form.*

Últimos respiros.

Perder la vida lentamente...

Mierda!

Los pensamientos que corren por tu mente.

No se trata de cortar tus venas,

O soñar con una sobredosis.

Es ser lanzado en el centro de tus penas.

Nadar contra la corriente,

ahogarte despacio,

Y en cada burbuja de aire ver recuerdos falsos.

Memorias que quisiste y nunca pasaron.

Las decisiones que no tomaste por pendejo,

torturan tu cráneo como balas abriendo paso.

Ahogarte en tus remedios...
Mierda!
Cuando una metáfora se hace realidad.
Donde cada sonrisa, abrazo, caricia,
son eslabones que se apoderan de tú cuello.
Cada beso, halago, aprobación
Te clava al fondo de la desesperanza.
Cada logro, el deseo, la admiracion,
EL FUCKING AMOR!
Mierda!

Lentamente te consume la maldita felicidad que no es tuya.
Pero el miedo te arropa,
Y no tienes los cojones para asesinarlas...
Decides no tomar el camino de tú alegría destructiva,
Decides por su alegría que te destruye.

Entre burbujas de aire que se escapan,
vez lo que nunca fue.
Atado en el fondo de las lágrimas
que otros lloraron,
(quizás tuyas).
Allí pierdes la vida lentamente...
Mierda!

The cost of freedom

The price is high, I know.
But if I don't starve now,
I won't be able to afford it.
My whole life, I've been looking for it.
I can't let this chance
escape through my hands.
I want to be free! I *need* to be free.

I'm drowning in the tears you shed
Yeah, I can't swim.
I'm falling again in your dreams,
Yeah, I can't fly.

I see from a distance
beautiful maple, olives and plums trees.
Their shadows are so comfortable,
their harvest, so delicious.
It's time to burn it down,
to start something new.
It's time to dance with the wolves,
I want to be free...

Free like a macaw taking your prayers to the sun,
free like a roadrunner sprinting in the desert,
free like a seahawk diving face first into the ocean,
free like a starling detached from his flock.

I take my life tonight.

It's my life or yours tonight.

This knife is my freedom,

the tears in your eyes, my prison.

I have been dead for so long,

I look in the mirror and a stranger smirks at me,

It's time to breathe tonight.

This path is full of brown Marigolds,

they don't sing anymore, nor do they dance.

It's time to leave your heart on top of them tonight.

Does the color yellow still exist?

Or is it an illusion I saw yesterday

when I stopped looking at you.

Your poison made me despise myself,

my poison dragged you to the bottom of the well.

No, this waterfall won't quench your spirit.

This knife longs for blood,

feel his seductive touch

and you may breathe better tonight.

It's your life or mine.

Mientras te miraba.

Miraba tus ojos
mientras tu alma se escapaba de ti
Lágrimas fertilizaban el suelo,
y un viento helado, inundo mi corazón.

Cada respiro que desprende tú boca,
va atado a un recuerdo que no morirá.
Qué guardará mis sueños,
mientras aulla a la luna, espantando su luz.

Tus manos con delicadeza,
van desgarrando mi rostro.
Mostrando mis fallas al mundo,
presentando al sol como mi enemigo.

Miraba tus ojos,
mientras tú alma corría a un nuevo mundo.
Retiro el puñal de tú pecho,
cierra tus ojos, y te escondes en las sombras.

Dolor inmóvil.

El cielo enrojecido.
Las cenizas cubren mis ojos,
respiro dolor en el aire,
mi vida está consumida.

¿Por qué sus gritos no me hacen sangrar?
¿Por qué sus lágrimas no consiguen mi piedad?
¿Será que he muerto?
Duele tanto resucitar.

El sol brilla en el valle donde mi cuerpo reposa,
pero la luz quema mis ojos claros,
Y ya no me puedo ver.
El miedo de conocerme se apoderó de mí.

Treacherous heart

It's so heavy,
it has lost every drop of its essence.
Or has he?
I just see a thick fog,
that doesn't let me breathe.
How can he guide me
if all I hear is silence?
It's confusing.
It hurts, it always has,
my thoughts overflow with doubts.
Pain, fear, frustration...hate?
Does he even move?
Oh yeah, he does, but only to crush me.
To take the little life I have left,
The little hope...love?
How can I let him guide me
If we speak different languages,
And I despise him?

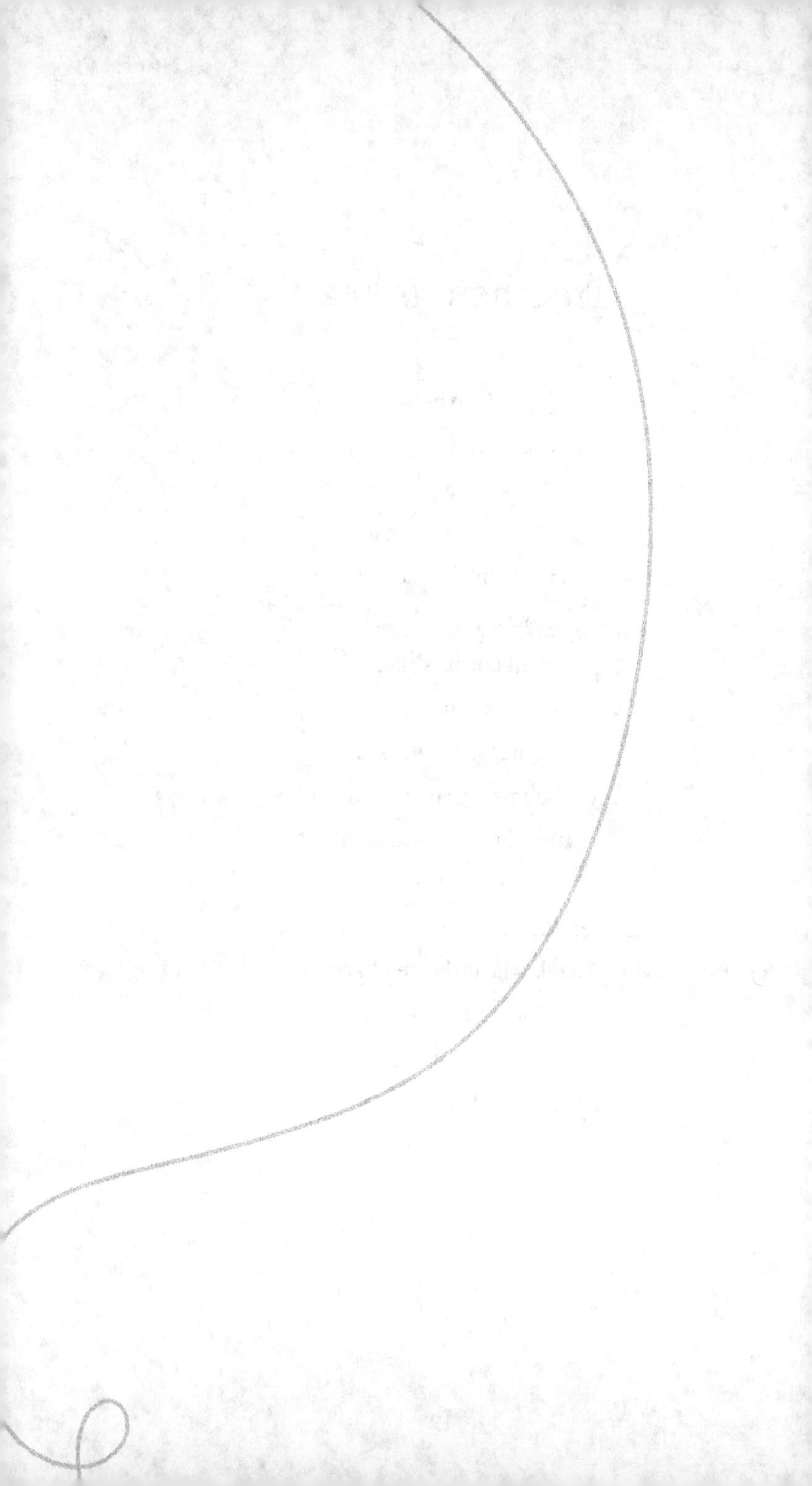

The sun is supposed to rise

The sun is supposed to rise,
but I'm still cold.
The sun is supposed to rise,
but I still can't find the way to go.
I feel incomplete, how can I find those pieces
if there is no light?

My soul is lost,
darkness is making it
lose her shine.
The sun has lost his way,
I guess he forgot the time,
or realized the damage his light has done.

Capítulo 2...

Now what? The world has unveiled in front of me, but I still feel lost. Mi cabeza es secuestrada por preguntas, pero...la brisa, el sol y las nubes piden que guarde silencio. *Don't be afraid of the journey—you will find what you're looking for.*

Room of darkness

Fear the darkness, not.
Here is where you can see,
who you are, who you were, and who you want to be.

Fear the darkness, not.
It is where you can talk to your demons,
and make love to their feelings.

Fear the darkness, not.
It is where love is born, where love dies,
and revives.

Fear the darkness, not.
It is where you tell the truth, lie,
and get deceived.

Fear the darkness, not.
It is where your heart gathers the light,
revealing the path you should walk.

Crossroads

You may pray,
but the past won't build your future.
It won't bring you back to your feet.
No, no more.

Stay in a white room for long.
And ennui will burn your heart,
consume your spirit.
There is no way back.

From these crossroads where you're mourning now,
where all you see is a shattered chimera.
There's no need to cling to that penance.
It is time to rise and marvel at the new path.

Don't let the load overwhelm you...
It will make you stronger, save you when you're lost.
Let the tears drop into the ashes,
Clean your face, purify your spirit and walk.

Sed, hambre, frío

Tenía sed.
Fui al manantial donde todos iban,
Y tomé.

Tenía hambre.
Trepé el árbol que todos comían,
Y tome un mordisco.

Y cuando tenía frío,
Quise abrigarme como todos.
Más caí en unos brazos
que no eran los míos.

Pero, aún muero de sed,
él hambre me debilita,
Y él frio cubre mi piel.

Decidí subir a la montaña.

Me atreví a tomar el néctar de un volcán,

probé el manjar de la serpiente,

dormí feliz.

Cuando el frio arropó mi alma,

mire la soledad de tus ojos,

y me obsequio el más cálido de los abrazos.

The tree in the middle of the void

Scrounging for pieces
to make my life whole,
I found a shadow of a tree.
His fruit nourishes the body,
his wisdom heals the soul.
His branches where admiring my scars.
And with every touch,
a new meaning of hope erupted.

His roots were entwining with my skin,
replacing the missing pieces, I yearn for so long.
One of his leaves kissed my lips,
teaching me to breathe again.
And as I kneel,
he washed me in his warm shadow
finishing the ceremony.
I felt whole,
I could fly again.

El río fluye

El río fluye,
siempre llegará al mar.
Es su destino,
siempre lo buscará.

Firme por su camino,
regala paz, alegría y tranquilidad.
Pero, aunque quieras poseerlo,
siempre llegará al mar.

El rio fluye decidido,
¿Quién cambiará su pensar?
En su corriente lleva las lágrimas de aquellos que intentaron,
los sueños de quien en el confiaron,
el dolor de aquellos que lo amaron.

El río fluye hacia el mar.
¿Quién se atreve a domesticarlo?
Podrás levantar murallas, cambiar su rumbo.
Pero, aunque sacie tu sed.
siempre se escapará al mar.

Fluye y nunca se detendrá,
aunque pienses que lo has domado, te traicionará.
Aunque este dormido y parezca vencido,
con furia llegará al mar.

El frío de la soledad,
el miedo a la obscuridad,
No cambiaran su destino.
Siempre llegará al mar.

Calma

Calma, tenebrosa sospechosa calma.
Calma, refrescante energizante calma.
Calma, llena de expectativa, llena de dudas, calma.
Calma, pacifica, tranquila calma.

Música en las nubes,
murmullos en el río.
Calma, su poesía te enamora.
Calma, su verdad enfurece.
Calma, más la lluvia sigue.
Calma, más la soledad sigue.

Respira calma, quizás te llenes de valor.
Calma, escucha su sabiduría,
sus advertencias, sus mentiras.
Calma, ten valor observa tu reflejo.
Calma, siente su golpe.
Calma, más la tormenta sigue.

The bolero of the sun and the forest

The forest dances for the sun every day,
they are in love.
The sun kisses the forest's head every morning,
and the game of seduction begins.

The bird are their accomplices.
Serenading them every day,
songs of a beautiful world,
of a dream where they can finally sleep together.

But the clouds are jealous now,
They've always wanted the forest's love.
They flirt in the middle of the night,
they protect him when the sun gets mad.
The clouds are tired of crying,
It's like the forest enjoys their suffering.
It's time to take a stand,
It's time to kiss goodbye.

The forest is weak now,
it can no longer dance like he used too.
The sun's love is overwhelming now.
The leaves and branches can't endure it.

"You're hurting me," the forest cries.
"That's love," the sun replies.

La voz del viento

He estado en silencio tanto tiempo,
se me olvido como hablar,
no sé cuando usar mi voz.

He guardado silencio tanto tiempo,
ya no sé si existo,
si me ven.

No quiero escuchar voces extrañas,
ni las que duermen conmigo,
solo quiero escuchar el viento.

El viento,
su expresión fuerte me rodea de verdad.
Mientras que con sus dedos sutiles,
acaricia mi alma.

Su palabra no tiene juicio,
cuestionamiento o rencor.
Tiene sabiduría, obtenida luego de viajar el mundo,
de hablar con las aves,
de conectarse con la tierra.
Pues en su vientre carga las semillas que la embellecieron.

En su voz trae consejos de tierras lejanas,
del aromático jardín,
de las ciudades destruidas por el fuego.
Tiene las historias de amor,
las cuales ha sido testigo en medio del bosque,
del monte,
a las orillas del río.

Quiero imitar la voz del viento,
tan sublime, tan melodiosa.
Que de tan solo abrir su boca,
los majestuosos árboles comienzan a danzar.

El mapa

Creí tener el mapa
que conducía hacia ella.
Pero termine en un laberinto
complejo, frío.

¿Cómo la encuentro?
Dicen que se pasa con las sombras en la noche,
y se baña con el sol en la mañana.

En ocasiones siento su olor cuando camino,
en ocasiones el sonido del silencio
confirma que estoy perdido.

En esta travesía
creí haberla atrapado.
Pero cuando alegré la contemplé
solo miré sueños destrozados.

A caso no te puedo encontrar,
o quizás es que no debo.
Quizás entrar a tu templo sea una maldición.
Quizás el precio de tenerte, venga seguido por una ola de terror.

Crecí con la ilusión,

de que mi destino era encontrarte;

más la vida me muestra

que debo sentir la paz, al no poder tocarte.

Creí tener el mapa

para llegar a ti.

Pero termine en una isla sin puentes,

Donde solo veo a Saturno.

Lost

I knew it was dangerous;
there were warning signs all over.
My conscience screamed at me,
"Don't do it!"
I didn't listen; I got lost.

It felt like a force was pulling me down.
Gravity doing what it wanted.
The light was so bright...
...Yes, I got lost.

I knew that I shouldn't do it,
but I heard a voice,
a so-familiar voice, shouting,
"Come and find me..."
I got lost.

Resistance wasn't an option,
so, I took a deep breath,
opened my eyes,
yes...I am lost.

In the center of the stars,

in the deep of the ocean,

it's my first time seeing my reflection...

I know, I am lost.

Here, my reflection is surrounded by others,

it's smiling with others,

it's dancing with others.

Yes! To that seducing beat that a heart creates

when it gets lost.

My reflection looks at me and says,

"Will you join me?"

I grab her hand...I'm...free.

~

Let go

Let yourself go,

you've been holding on for so long,

and for the wrong reasons.

Let it go,

like a rainy day in mid-June.

Let it go, and don't stop.

You've been craving this since you've learned about time.

You've been asleep for part of the journey,

it's time to wake up.

Feel it, embrace it, and don't let go.

Do you hear the drums beat?

They're dancing to the rhythm of your heart.

Let that joy race through your veins and into the world.

Let it see you shine,

better yet, watch yourself let go and shine.

At the crossroads

I want to be me...
show my imperfections, madness, sins.
It may let people down; hurt those I love.
But then, real love starts to flow,
love with imperfections, impurities, without sense, free...
Because it was meant to be,
because it's in our beautiful nature.

I've been hiding for so long...
but the light of the sun scares me.
I've been used to tasting my tears,
but seeing it in others destroys my soul.
I'm standing on this crossroads:
walk towards the love that the world taught me,
or look for the one that my spirit is screaming for.

Chapter 3...

This is what you were looking for. A fallen angel like *you*, lost like *you*, looking for freedom like *you*. *Will you give the keys up?*

Hiding behind the moon

The pages are turning.
The wind with furious care
is showing a different side of me.
I'm standing naked, in all my glory,
but the mirror shows all of my imperfections, my insecurities.

It's cold, I haven't heard a song in a while.
I just feel the energy of my feet.
Keep walking.
It always gets better.

The kisses of the wind turn out more violent now.
Clouds are running from his passion,
and there you are...
Your light pours over me.
I remember you from long before,
I remember how your love reflects beauty in me.
You're the one to whom the wolves sing praise.

I need to reach you!
I see that your scars are like mine.
I see you naked—like me.
I see your will; you never bow down.
You stand proud, even when others steal your shine.

I need to reach you...
And you're there waiting,
sharing your reflection of love.

Flower in the desert

I've been in this desert for so long.
The mirages are my reality now.
This water is...refreshing?
My spirit, still thirsty.

At a distance, there's a lonely flower.
It has been abandoned by society.
Decided to go on its own path,
her beauty is enticing.

Her colors sing to me,
her seductive swaying talks to me,
every petal calls me.

If the wind could take me to you,
I would land at your feet and hold on...

...Take me to the unknown.
There, where the floor rests with harmony
and the sky cries wisdom.
Where my spirit will overflow.

What if

What if, you could listen to me...
even if I'm not talking.
What if, you could see me,
with your eyes closed.
Dejando que mi esencia se apodere de tus venas,
that it makes home, en tú corazón.

Don't be scared,
sé que una tormenta just passed by,
y hay piezas forever damaged.
Those cracks and chips,
adornan tu corazón ahora,
they make it hermoso and unique.

Tús besos son esa agua fresca
que hidrate mi soul.
What if I take your lips with me
and create a new world?

Donde el amor está servido en la mesa...
quizás en el piso, quizás en la cama,
every morning, every afternoon, y en las noches también.
Donde el sol te levanta con una sonrisa,
Y la Luna kisses you deep into your dreams.

No, I don't promise you forever,
solo te ofrezco ahora,
completar tu historia...
that legend full of adventures, broken hearts and love.
La que pinta con destellos de alegría tu memoria.

Te ofrezco un sueño, a timeless love story.
What if you dare
to take my hand.

Ojos brujos

Tus ojos de brujos
iluminaban el cuarto.
Mi esencia huyo de la luz,
se sentía tan vulnerable.
No merecía ser pintado
por el arcoíris que radiaba de tu mirada.

Detrás de puertas de cristal
mire que tu esperanza comenzó a florecer.
Me enseñabas un futuro,
una distinta realidad,
con cada fotografía que escapaba de tú ser.

Cerré mis ojos buscando el valor
para enfrentarme a esa luz y ser liberado.
En mis sueños te observaba danzando,
dibujando flores bailando con las estrellas.
Cómo me rendía en tus brazos en vidas pasadas.
Cómo cuando buscaba tu alma encontraba la mía.

El sonido de tus labios

Tú voz inundaban mis sentidos.
De tus labios florecía sabiduría que se enredaba en mi mente,
llenándola de olores
que provocaban besarte.

Si probara esa fuente de sabiduría,
¿Como mi cuerpo reaccionará?
Quizás seamos uno con la yerba,
fecundando el suelo con flores de pasión.

El sonido que se escapaba de tu boca,
con emoción tejía palabras,
que bailando coqueteaban con mi alma.
Llenando así el aire de deseo,
y como locos enamorados,
nuestras esencias se enlazaron.

Destrúyeme con un beso

Atorméntame con tus labios.
Muéstrame
lo inalcanzable de tú alma.

Acósame con tú mirada.
Confirma que no hay lugar oscuro
donde pueda esconderte mi corazón.

Desmantélame con tus dedos.
Ve desgarrando las dudas
con cada caricia.

Tortúrame con tú abrazo.
Ve deshojando cada pétalo de mi aliento
Y embellece tú rostro con él.

Quiero bailar con la muerte,
mientras canta mi inspiración.
Quiero que me consuma el fuego,
mientras hablo con tu cuello.

Ahogarme en ti

Mientras más tomo de ti,
más me consume la sed,
el sol castiga mi piel,
y solo la fuente de tú esencia me puede refrescar.

El sol ruge.
Mi cuerpo desesperado busca más de ti,
pero te escapas entre mis dedos,
solo gotas alcanzan tocar mis labios.

Imagino maneras de cómo encontrarte,
cómo saciarme de ti.
Pero todas fallan,
y te alejas más y más.

La temperatura sube,
alucino con la luna cantando serenatas,
mientras me cubres con tús alas,
calentando mi cuerpo entre sábanas.

El sol con su furia,

mi cuerpo pone de rodillas...

¿Debería lanzarme a ti?

Ahogarme en tus olas es lo que necesito.

I fell

I stumbled into your eyes,
and fell...
When I woke up,
fire was surrounding me.
Burning never felt *so* good.

I heard the song of a siren.
That music, just enchanted me.
All this wrong felt so right,
all this darkness felt so clear.

I stumbled into your body,
and fell.

When I woke up,
drops of your essence were sanctifying me,
your tongue cursed me,
showing me what it meant to be free.

I stumbled with your spirit,
I fell in your arms.
Now I don't know where I start,
or where you end.

The great fall

Without a parachute,
I pierced through the clouds.
Falling hurriedly
into this deep ocean of emotions.

The splash was so refreshing.
For the first time,
I could actually see the color of my soul.
The water had cleared the debris away.

And while submerging
into the depth of my feelings,
my body floated around
to the will of your touch.

Your words,
formed pieces of art that surround me.
And your eyes kissed me,
tattooing my soul.

It's so beautiful down here!

But the oxygen has run out.

Should I drown in your arms?

Feel your essence consuming my whole.

Or... was I meant to fly?

La paz mientras caía a mi final

Una bala explotó hacia mi corazón.
Sin moverme, mi mundo se comenzó a deconstruir.
Mientras flotaba en el aire de camino al pavimento,
vi cómo un mar se formaba pintado anaranjado y negro,
las nubes engalanan un rojo y rosado.
Y el sol un tenue color perlado.

Mi destino fue las raíces de un árbol,
que al abrazarme se conectó a mi cuerpo,
enredándose en mí, ofreciéndome como ofrenda.
Y al levantarme encima de las montañas cubiertas de aguas y flores,
miré que la fuente que emanaba energía a las plantas, nubes y aves.
Era tú corazón de cerámica.

Tú perfume consumió mis pulmones,

tú cabello se apoderó de mis sueños.

Mis ojos fueron cegados por la luna

que cubría tu rostro.

Mientras mis últimas gotas de sangre

refrescaban el suelo.

En un último intento decidí tocar tu corazón,

y una palomita con flores tatuadas en sus alas hacia mi voló,

en mis ojos se perdió, regalándome el más hermoso de los besos.

El Final...

just to start again, enlightened

Life is chaotic,
breathe in, open your soul,
It's a beautiful mess.
Unconventional gifts and flowers of wisdom,
illuminate your path.

Oh yes,
glorious misery will attempt to blow your heart into pieces,
just to glue it back in kindness.

Yes,
sweet pain will bully your weakness and make you stronger.
Breathe in and enjoy the ride.

end